Docteur Raoul BRUNON

L'AFFAIRE

DE LA

RUE SAINT-ROMAIN

ROUEN

IMPRIMERIE LECERF FILS

1928

L'AFFAIRE

DE LA

RUE SAINT-ROMAIN

Docteur Raoul BRUNON

L'AFFAIRE

DE LA

RUE SAINT-ROMAIN

ROUEN

IMPRIMERIE LECERF FILS

1928

PRÉAMBULE

Un gros ventre sur des jambes grêles; une tête inclinée vers le sol : on dirait une centenaire penchée sur sa tombe.

Elle vécut 400 ans heureuse et sans histoire; d'un tempérament robuste elle résista aux arquebuses du XVIᵉ siècle, aux architectes du XVIIᵉ, aux vandales du XVIIIᵉ, aux béotiens destructeurs du XIXᵉ.

Au XXᵉ siècle, son destin fut d'inspirer des passions violentes. Sont aux prises deux camps d'une tenacité également normande, comme s'il s'agissait d'une jouvencelle au hennin flamboyant et à la robe rutilante : Arma virosque cano...

L'Affaire
de la Rue Saint-Romain

Le Classement du Vieux Logis

I

Au mois d'août 1897, je rencontrai, un soir, place de la Cathédrale, M. Lefort, architecte du département. « Passons, me dit-il, par la rue Saint-Romain. » La lune éclairait les toits pointus, elle projetait des lumières et des ombres sur la fantastique enfilade vers Saint-Maclou. C'était du Gustave Doré et du Victor Hugo. « Voilà, dit M. Lefort, une rue qui nous donne l'aspect de Rouen au temps de Jeanne d'Arc. Et ces maisons du coin de la rue des Quatre-Vents sont condamnées ! L'Etat en est le propriétaire pour les raser et dégager la Cathédrale. »

« Ne peut-on s'opposer à ce vandalisme ? »

« Rien à faire. »

Les maisons tombèrent comme tant d'autres depuis un siècle. Le bout de la rue Saint-Romain avec le retour d'équerre de la rue des Quatre-Vents limitait au Nord et à l'Ouest la Cour d'Albane qui aurait pu être un des sites les plus évocateurs de Rouen. Elle est restée un chantier.

Le rideau, au théâtre, excite la curiosité du spectateur anxieux de voir ce qu'il y a derrière. De même, le mur crènelé du Palais de Justice avec son porche magnifique, eût fait valoir les splendeurs du monument, si l'ignorance ne s'était opposée à sa reconstitution ; de même, la clôture de la Cour d'Albane sur ses quatre faces l'eût rendue plus pittoresque aux yeux du visiteur franchissant le sombre couloir qui existe encore près la Tour Saint-Romain.

C'est une erreur de trop isoler et dégager les monuments gothiques. Il y faudrait, au moins, discrétion et discernement. L'influence de Viollet Le Duc et d'Haussmann a été néfaste.

A Rouen, il eût été mieux de laisser la vie aux vieilles maisons qui faisaient contraste avec la Tour Saint-Romain, que de construire, place de la Cathédrale, ces énormes bâtisses, qui ont la prétention de faire concurrence aux splendides élancements de l'Église.

Les Rouennais du XXe siècle ont laissé déshonorer les alentours de la Cathédrale.

Donc, les maisons tombèrent rue Saint-Romain. Il n'en restait plus qu'une, dernière victime de ce sacrifice inutile; je pris la résolution de tenter son sauvetage.

LES PREMIERS SECOURS

Quoique n'appartenant pas, alors, à la *Société des Amis des Monuments rouennais*, j'envoyai au Président un plaidoyer en faveur du vieux logis. Pas de réponse. Deuxième et troisième lettres. Pas de réponse. Alors les lettres furent imprimées et envoyées, en août 1897, aux principaux membres de la Société. La Société s'émeut, et le 17 novembre 1897 envoie au Maire une lettre pour appuyer la campagne commencée dans les journaux dès le mois d'août, avec la collaboration de Georges Dubosc et de Louis Deglatigny.

LES ADVERSAIRES

L'affaire était engagée.

Il fallait faire des reconnaissances sur le terrain des adversaires. Ils étaient nombreux et puissants :

D'abord les habitants de la rue; ils réclamaient la démolition. L'architecte Sauvageot faisait campagne contre nous. L'archevêque prônait le dégagement de la Cathédrale. Le Préfet préconisait les mesures d'hygiène urbaine. Le Maire, le directeur de la voirie, le Conseil municipal brandissaient les arrêtés d'alignement de 1839. Deux Membres du Conseil municipal, particulièrement amis du progrès et ennemis de l'obscurantisme, grommelaient dans leur barbe : « Nous la ferons tomber, cette maison ! »

Ce n'est pas tout. Deux ministères avaient décidé sa perte; et le monde du commerce réclamait, pour toutes les rues de Rouen, la largeur nécessaire au passage de trois « cylindres ».

Dans le même esprit on avait projeté, vers 1825-1830, le rescindement de l'archevêché et de tout le côté Nord de la rue pour obtenir une large chaussée bordée de deux lignes droites.

LE MAIRE BIENVEILLANT

Le 3 décembre 1897, M. le Ministre, très libéral, accepte, en principe, notre demande de conservation, mais il faut le consentement du Conseil municipal.

Le 8 décembre, le maire Laurent abandonne la question d'alignement et ne fait pas obstacle à la conservation.

Il est vrai que les Sociétés savantes locales sont intervenues en faveur du vieux logis et Georges Dubosc fait paraître une remarquable étude sur la Rue Saint-Romain au XVe siècle.

IL PLEUT DANS LA MAISON

Pendant toute l'année 1898 la pluie et la neige tombent dans la maison.

Le 30 septembre nous signalons de nouveau les dangers du *statu quo*.

Le 9 novembre, le président de la société M. G. Le Breton écrit au Préfet.

Les mois passent.

Le 7 février 1899, nouvelle lettre de M. Le Breton au Conseil municipal.

Les idées ont changé : M. le Maire défait ce que M. le Maire a fait et le dossier est retourné à la Société.

Les pétitions en notre faveur ont été enlevées.

L'OPPOSITION DU CONSEIL MUNICIPAL

Le 2 février 1900, M. Lerefait présente un long rapport pour démontrer que la conservation de la maison n'a point d'intérêt au point de vue artistique et qu'elle présente de graves inconvénients pour l'hygiène urbaine.

Il faut lire ce rapport. Sous une forme littéraire fort agréable, c'est un réquisitoire violent contre « cette charpenterie massive et grossière », source de variole, de diphtérie et de fièvre typhoïde.

Le tout assaisonné de sarcasmes amusants à l'endroit du camarade promoteur du sauvetage.

Le Conseil municipal adopte, à l'unanimité, les conclusions du rapport et, revenant sur une décision antérieure, décide de ne pas accorder la dispense des règlements de voirie. Il demande la démolition.

Le Conseil municipal, intoxiqué par le chiffre de 7 mètres 20 centimètres (largeur de rue), est pris d'une rage folle de démolition. Sur deux rapports de M. Lerefait en date du 2 février et du 30 mars 1900, le Conseil demande le rescindement de plusieurs façades du côté Nord de la rue Saint-Romain[1].

Et à ce propos le rapporteur revient à la charge pour demander la démolition de la vieille maison.

Parmi les protestataires contre ce vandalisme, ont voit figurer 34 cochers de fiacres furieux de voir qu'on détruit toutes les curiosités de Rouen.

Le 16 mars 1900, l'adjoint Levillain propose de transporter le vieux logis sur un autre point de la ville et de le réédifier à nos frais. L'adjoint ironiste ajoute qu'il serait aussi bien apprécié ailleurs que rue Saint-Romain!

1. Ce plan a été en partie exécuté. Le centre de la rue a été éventré et les maisons remplacées par un mur de briques.

LA PHALANGE DES ARTISTES

Dès le 20 mars le trio des Défenseurs avait riposté en démasquant ses propres dossiers. Les pièces émanaient de toute la France : Mouvement immense de protestation.

La presse locale, très vaillante, les grands journaux de Paris, la presse anglaise, belge, américaine, allemande ;

Les plus grands noms dans les Arts, l'Académie française, l'Institut de France, les peintres, les dessinateurs, les statuaires, les graveurs, les architectes, les critiques d'art, les littérateurs, les universitaires, les magistrats, les savants, les sociétés savantes, les associations de touristes s'étaient solidarisés avec nous.

Deux mille circulaires avaient été envoyées clamant le danger que court le vieux logis tiraillé par des ennemis très habiles qui veulent sa perte en cachant leurs coups.

Les réponses affluent indignées, violentes, dures pour les autorités.

VISITE A M. LE MAIRE. LE TRAVAIL DE SAPE

Alors nous nous rendons chez M. le Maire, nous sommes reçus par l'adjoint.

Sa réponse administrativement enveloppée équivaut à ceci : la maison tombera. On était tenté de lui dire : Vous tomberez peut-être avant elle.

Mais la maison tombait réellement : Un matin, avec deux de nos amis de Paris venus *pour voir*, je me trouvais devant le vieux logis, lorsque vint à passer un jeune homme monté à bicyclette. Il s'arrêta : « Messieurs, on démolit la maison. Entendez-vous les coups à l'intérieur ? Depuis ce matin un maçon travaille à abattre la cheminée. » Pendant qu'il parlait, des platras et des briquetons tombent à nos pieds sur le pavé.

Depuis le début des hostilités, la Ville s'était opposée à ce qu'on pénétrât dans la maison pour fermer les fenêtres et parer aux intempéries. Pendant l'hiver le vent et la pluie entraient librement. Et maintenant voilà que M. l'Adjoint mobilise des ouvriers pour lancer des débris dans la rue et créer de toutes pièces un danger public !

L'intervention de Georges Dubosc, dans le *Journal de Rouen*, découvrit le complot et le bon public commença à prendre parti pour

nous. Les revues de fin d'année s'emparèrent
du fait et l'on vit sur la scène deux médecins
aux prises. Hippocrate soutenait la maison
que Galien cherchait à renverser.

Pendant l'année 1900 les adversaires avaient
fait surgir tous les arguments capables d'obs-
curcir la question. C'était la querelle d'alle-
mand. On discutait sur une série d'équivoques.
Le Président de la Société ne fut jamais
appelé devant le Maire pour les dissiper. Les
lettres s'accumulaient dans les dossiers.

L'OPINION PUBLIQUE

Il était temps de faire une nouvelle démar-
che auprès de l'Administration municipale et de
parler clair. Nous donnâmes respectueusement
avis à M. l'Adjoint que les réponses du monde
des Arts nous étaient favorables. Notre inter-
locuteur, qui n'avait probablement jamais lu
la lettre de Flaubert au Conseil municipal,
nous répond qu'il n'avait cure des opinions
de Paris et que la maison tomberait. « La
démolition s'impose : *Delenda domus.* »

Nous glissons ce mot : « Les réponses pourraient être publiées, quelques-unes sont dures », et l'honorable échevin nous répond : « Publiez, Messieurs. »

Et l'on publia. Nous avions reçu plus de 1200 réponses. On trouvera les principales dans quatre opuscules devenus rares. Ils eurent un véritable succès. Un exemplaire fut déposé aux archives de la *Société des Amis des Monuments rouennais* [1]. L'opinion publique tournait de plus en plus pour nous et, à son tour, nous préparait la voie. Nos concitoyens MM. Allais et Homais plaidaient notre cause.

Jusqu'ici nous avions combattu en tirailleurs, la grosse artillerie allait donner.

LE 420

Le 19 novembre 1900, Louis Deglatigny, assisté de MM. Waddington, sénateur, et de M. Lefort, architecte départemental, se rendit au Ministère pour obtenir confirmation des

1. Le dossier du Vieux Logis a disparu des Archives (février 1927).

assurances octroyées en 1890. M. Dumay, Directeur des cultes, convint que, devant le vif mouvement d'opinion, il admettait la conservation de la maison; mais que l'Etat ne participerait pas aux frais de restauration.

La partie était gagnée.

Louis Deglatigny avait fait une très belle défense. Il déploya une activité généreuse et tenace; il fut, pour le Conseil municipal, un rude jouteur ; à lui et à Georges Dubosc, on doit la plus vive reconnaissance.

Cependant, le 30 novembre 1900, le Conseil municipal n'avait pas encore mis bas les armes. Lerefait, dans un troisième rapport d'assez mauvaise humeur, soutient encore la thèse de la démolition, mais *il s'en rapporte, finalement, aux décisions de M. le Ministre.*

En janvier 1901, c'est la paix, les adversaires ne font plus d'opposition active.

Aidés par la presse, nous ouvrons une souscription, et M. Lefort peut faire les réparations les plus urgentes.

La vieille maison reçut un chapeau presque neuf et une ceinture de fer. Les carreaux furent remplacés. On lui refit une virginité et une vie nouvelle. Elle peut vivre encore plusieurs siècles si la malignité humaine n'intervient pas.

VUE RÉTROSPECTIVE

Dans la rue Saint-Romain du xve siècle, c'était un incessant mouvement de gens d'église, de conseillers *lais*, d'officiers judiciaires, de gens du commun, de troupes d'enfants de chœur, de libraires, de relieurs et d'écrivains.

A quelques pas du vieux logis était la Chapelle des Ordres, qui abrita la bande des quarante deux juges de Jeanne d'Arc. « Regardez ce mur, » dit Georges Dubosc, « derrière lui s'est déroulé le drame le plus effrayant de notre histoire nationale et s'est dénouée cette épopée merveilleuse de jeunesse, de vaillance et de foi qu'est l'histoire de Jeanne d'Arc ». Là fut prononcée la sentence qui condamnait la jeune fille au feu pour le lendemain.

Le vieux logis a vu les Anglais chez nous après le martyre de Jeanne d'Arc. Il a peut-être abrité des chanoines amis ou ennemis de la Pucelle ? Il a été le témoin des guerres de religion. Il a entendu les arquebuses et les mousquets battre la *Tour du Guet* sa voisine. Il a vu le grand Corneille allant chez les Espagnols, ses amis de la rue Saint-Romain, prendre des notes sur les romanceros d'où devait sortir *Le Cid*.

La simplicité de son architecture n'a point excité les fureurs des iconoclastes de la Révolution.

Et c'est le stupide XIXe siècle qui voulait sa ruine.

La lutte de sauvetage a duré trois ans. M. Louis Deglatigny en résuma les péripéties dans le bulletin de la Société, année 1900.

Puis survint le calme. Le calme toujours dangereux. Le vieux logis n'est plus qu'une façade poudreuse derrière laquelle le passant ne voit qu'un nid à rats. Cependant, les artistes viennent tous les jours s'installer devant sa silhouette étrange.

III

VITALITÉ INTERMITTENTE

Les circonstances désignaient M. Ruel, architecte, membre de la *Société des Amis des Monuments rouennais* et voisin de la vieille maison, pour utiliser le reliquat de la souscription et faire les restaurations au fur et à mesure des besoins.

Un jour, M. Ruel demanda à M. Auvray, architecte des Monuments historiques, l'autorisation de déposer quelques meubles dans la maison. L'autorisation lui fut accordée « provisoirement et à titre précaire ». Mais peu à peu les meubles s'accumulèrent et une imprimerie envahit le rez-de-chaussée.

LA SOCIÉTÉ « LE VIEUX ROUEN »

Le 28 décembre 1910 se créait à Rouen une Société nouvelle avec MM. René Helot, Georges Dubosc, Ernest Morel, Henri Geispitz, Benjamin Tranchepain, Alfred Poussier, Edouard Pelay, Georges Ruel.

Cette Société publia une vingtaine de documents intéressants et organisa une collection d'art populaire qui reçut l'hospitalité au Musée d'art normand, dans l'église Saint-Laurent.

Quand le Musée Le Secq des Tournelles s'installa dans l'église, le Musée d'art normand se réfugia dans les sous-sol du Musée de peinture et la collection du *Vieux Rouen* s'installa dans la vieille maison. Là, ses objets et ceux appartenant à M. Ruel se confondirent, et bientôt, meubles et boiseries envahirent le logis du haut en bas et débordèrent dans la Cour d'Albane, où ils sont encore.

Il n'y eut ni catalogue, ni inventaire, le musée ne fut jamais organisé, les objets restèrent accumulés partout, si bien que le logis retomba dans le marasme.

M. Ruel a bien été autorisé « provisoirement et à titre précaire » à apporter quelques meubles, mais non à occuper la maison entière.

Le président, l'abbé Jouen, aurait vu d'un bon œil un musée s'installer dans le logis, mais non sa transformation en magasin laissé à l'abandon !

Essayons d'y entrer.

Bon nombre de carreaux sont cassés et remplacés par une planche qui bouche le trou. Le rez-de-chaussée est occupé par l'attirail de l'imprimerie ancienne et par un amoncellement de portes, de fenêtres, de lambris, de pavés, de papiers et de meubles divers.

Sur le jardin, la porte vitrée, privée de ses carreaux, est ouverte. Les chats ont envahi la maison; une quinzaine de ces animaux malades en font un hôpital. Aux étages, on trouve un commencement d'organisation de musée : un lit normand, un métier à tisser, des vitrines vides et, partout déposés çà et là, une foule d'objets accumulés sous la poussière et les toiles d'araignées.

Dans ce milieu délabré, sordide et pittoresque, s'introduisent, de temps en temps, des miséreux qui viennent y passer la nuit en fumant leur pipe. Ils ne se gênent pas pour allumer des lumières qui jettent la crainte d'incendie parmi les voisins. Bref, il y a peut-être les éléments d'un petit musée populaire, mais pas de musée.

Depuis la mort de M. Pelay, le *Vieux Rouen*

ne donne plus signe de vie. De l'aveu de son Président, l'abbé Gilles, il n'y a plus ni publications, ni réunions, ni cotisations. La *Société des Amis des Monuments rouennais* n'a donc devant elle que le « conservateur » d'un musée à créer.

LE RÉVEIL DE L'OPINION PUBLIQUE

En 1926, on commença à s'émouvoir dans le public de l'état de délabrement et d'abandon de la maison, car, dorénavant, elle fait partie du trésor archéologique de Rouen. Elle est célèbre par son âge, son aspect, son succès près des artistes et les polémiques qu'elle a soulevées. On fit remarquer que la Ville de Rouen, qui donne des récompenses aux anciennes façades restaurées, ne pouvait laisser celle-ci tomber en ruines. Au dernier congrès archéologique on pût entendre quelques paroles sévères sur l'incurie de la Ville de Rouen.

Or, la Ville n'y est pour rien. Seule la *Société des Amis des Monuments rouennais* est responsable.

Alors, j'allai rendre visite à l'occupant et le

priai de faire procéder au nettoyage général et au remplacement des carreaux. Après deux mois d'attente je proposai de porter l'affaire devant la Société. L'occupant me répondit qu'il se désintéressait de la question. C'est alors que la Société, à la date du 27 juin 1926, me nomma « ordonnateur » avec mission d'utiliser le reliquat de la souscription et d'organiser un gardiennage *permanent* au rez-de-chaussée.

D'urgence, à la fin de juin, le toit est réparé et débarrassé du lierre qui le détruisait. Les portes brisées sont rétablies, les carreaux sont remplacés. Le niveau du jardinet, qui laissait l'eau s'écouler dans la maison, est modifié. Les entrepreneurs allaient remettre des vitres au rez-de-chaussée et aménager des auvents lorsque l'occupant fit opposition violente aux travaux.

Il me devient impossible de remplir ma mission; et, ne me souciant pas de renouveler la farce du Lutrin, je me retire. *Et l'affaire de la rue Saint-Romain* va de nouveau sommeiller pendant deux ans.

PROJET DE CONVENTION

Dès le mois de juillet 1926, l'affaire aurait pu être réglée au mieux de l'intérêt général si notre proposition avait été acceptée : l'occupant organise ses collections aux étages, il ouvre un musée au printemps. *La Société des Amis des Monuments rouennais* se réserve le rez-de-chaussée.

Non pour de petites expositions accidentelles et intermittentes, mais pour une occupation organisée et *permanente*.

Un membre de la Société s'engage à y organiser un gardiennage permanent et gratuit. Les carreaux étant remis et les volets étant nécessaires, le gardien enlèvera ces volets chaque matin. Ainsi une vie nouvelle est infusée au vieux logis.

La Société s'engageait à laisser en place les meubles de l'imprimerie qui sont fixés au mur ; et à ouvrir une porte, déjà existante, pour l'entrée particulière du musée.

En vue de cette transformation, une souscription est ouverte et une subvention municipale est obtenue.

Pouvait-on faire une proposition plus libé-
rale ?

L'entente fut impossible.

D'autre part, notre Société manifesta nètte-
ment son désir de conserver les prérogatives
de gérante agréée par l'Etat. Alors le Président
décida de porter l'affaire devant le Ministre
des Beaux-Arts.

On va reprendre les pourparlers de 1901.

Cependant notre campagne, appuyée par le
public et par le Conseil municipal, n'a pas été
complètement stérile. L'occupant a compris
qu'il devait désencombrer le rez-de-chaussée ;
il applique quelques mesures de propreté,
l'aspect du logis est moins sordide.

En 1927, un fait nouveau surgit, c'est le
classement de la maison à la date 27 novembre.

Alors, sous le souffle des événements, le
bureau du « Vieux Rouen » se reconstitue. Il
entre en pourparlers avec le Président de
notre Société.

Une fois de plus les tentatives d'entente
échouent devant des prétentions excessives.

La Société des Amis des Monuments rouennais
ne peut cependant pas abdiquer ses droits et

abandonner le logis tout entier à une Société qui n'a pas fait preuve de vitalité depuis plus de 15 ans et qui n'a pas pu assurer l'entretien du bâtiment.

Une telle solution eût été fâcheuse pour la réputation de la Société à laquelle l'État avait fait confiance.

Elle eût été injuste en sacrifiant les droits moraux de ceux qui, avec beaucoup d'efforts et à prix d'argent, ont sauvé le Logis.

Elle eût été mal vue du public qui ne manque pas de comparer l'aspect abandonné du Vieux Logis avec les façades reconstituées par les particuliers.

Elle eût trompé l'attente des souscripteurs et du Conseil municipal qui ont fait des sacrifices.

C'est pourquoi, dans la séance du 28 juin dernier, la *Société des Amis des Monuments rouennais* a donné à son Président la mission de demander au Ministère des Beaux-Arts un titre officiel qui lui concède le Vieux Logis comme à l'origine, en 1900.

Et ce sera justice.

Juillet 1928.

ROUEN - IMPRIMERIE LECERF FILS